Odes Patriotiques

DÉDIÉES

AUX DÉFENSEURS DE NOS LIBERTÉS CIVILES,

LES BRAVES PARISIENS,

PAR

Edmond - Arbua,

(DE NISMES).

A tous les cœurs bien-nés que la patrie est chère !
VOLTAIRE.

PARIS,

IMPRIMERIE DE SÉTIER,

RUE DE GRENELLE SAINT-HONORÉ, N° 29.

1831.

ODES PATRIOTIQUES

DÉDIÉES

AUX DÉFENSEURS DE NOS LIBERTÉS CIVILES,

LES BRAVES PARISIENS,

PAR

EDMOND-ARBUS,

(DE NISMES).

A tous les cœurs bien-nés que la patrie est chère !
VOLTAIRE.

PARIS,

IMPRIMERIE DE SÉTIER,

RUE DE GRENELLE SAINT-HONORÉ, N. 29.

1831.

Maints poètes ont salué de leurs chants l'aurore de notre liberté : à peine le canon eut-il cessé de gronder dans les remparts de Lutèce, à peine la pelle du fossoyeur eut-elle été jetée sur le modeste tombeau de nos infortunés concitoyens, mitraillés par les ordres tyranniques du parjure Charles X, que, tout-à-coup, les exploits des héros parisiens inspirèrent des lyres harmonieuses, et mille chants nationaux retentirent jusque dans nos départemens du midi.....

Français à tête exaltée, j'osai mêler mes faibles accens à tant de voix éloquentes; poète inconnu, j'eus la témérité de tracer en huit odes une légère esquisse de notre glorieuse révolution; mais, au lieu de profiter de cette effervescence du moment qui faisait recevoir avec indulgence les tributs poétiques que de jeunes amans des Muses payaient à la Liberté, j'ai laissé dormir mon manuscrit en portefeuille, et ce n'est qu'aujourd'hui que, jeté par les circonstances au milieu de la capitale, je m'avise, par un caprice tout méridional, de publier cet opuscule, que vainement mes amis de province m'avaient engagé de mettre plus tôt au jour.

C'est un peu tard, sans doute. Maints poètes, maints écrivains m'ont déjà devancé; la curiosité s'est éteinte sur des milliers de brochures en vers comme en prose; et la critique sera d'autant plus sévère que les premiers momens d'effervescence sont passés. N'importe : quand ces vers n'auraient d'autre mérite que celui de manifester hautement la profession de foi politique d'un jeune enthousiaste de la Liberté, il serait encore assez grand pour désarmer les plus sévères critiques dont les cœurs généreux brûlent de la même flamme, et palpitent à la vue de leur pays régénéré sous le gouvernement d'un monarque citoyen.

DÉDICACE.

Braves Parisiens !

Un pouvoir despotique menaçait la France. Ses orgueilleux satrapes nous forgeaient des fers; appuyés sur des baïonnettes salariées, ils croyaient pouvoir impunément saper l'édifice majestueux de nos libertés civiles, et nous gouverner par le régime des hallebardes et du *bon-plaisir*. Déjà un grand nombre de Français pleuraient par anticipation sur l'asservissement de leur malheureuse patrie ;...; mais vous avez couru aux armes, Braves Parisiens ! et les phalanges du parjure Charles X ont été dissipées, le noble drapeau d'Austerlitz a flotté sur nos tours, et votre sang généreux a cimenté nos libertés ébranlées par le despotisme.

Voilà, Braves Parisiens, les droits que vous avez aux palmes d'une gloire toute patriotique et aux sentimens de reconnaissance des véritables citoyens français.

Brûlant du noble feu qui vous anime, partageant la haine que vous avez pour tout pouvoir tyrannique et oppresseur, j'aurais voulu, en combattant au milieu de vos phalanges nationales, mêlant mon sang à celui dont vous avez teint les baïonnettes des séïdes du roi déchu, j'aurais voulu, dis-je, prouver ainsi mon patriotisme, et payer comme vous un glorieux tribut de courage civique à la liberté; mais si, trop éloigné des remparts de Lutèce, je n'ai pu que faire des vœux pour le succès de la bonne cause, avec toute la chaleur d'un sang méridional, je viens aujourd'hui les ratifier par les timides inspirations de ma Muse.

Daignez les recevoir avec indulgence, BRAVES PARISIENS, et si des aristarques s'empressent d'en faire la critique, répondez-leur qu'il est beau de pouvoir dire en tout temps : et moi aussi, j'ai payé un tribut à la Liberté ! et moi aussi, j'ai donné des larmes aux victimes de la tyrannie !

EDMOND ARBUS.

ODES PATRIOTIQUES.

ODE I.

L'APPEL AU PEUPLE.

O toi! fille du ciel, que Rome a vénérée,
Déesse au cœur de feu, vierge chaste et sacrée,
Idole des Brutus, noble effroi des Césars,
Qui sur leur trônes d'or redoutent tes poignards,
Liberté! Liberté! plein d'un nouveau délire
J'accours à tes autels apporter mon encens;
Daigne faire vibrer les cordes de ma lyre,
      Inspire mes accens.

Sous les lambris dorés d'un palais magnifique
Où règne insolemment le luxe asiatique,
Prosternés aux genoux d'un orgueilleux vieillard,
Revêtu de la haire et du froc d'Escobard,
Et qui, *par droit divin*, veut enchaîner la France,
Des esclaves titrés, séïdes odieux,
A renverser nos lois travaillent en silence,.....
      O peuple! ouvre les yeux.

« Oui, Charles, disent-ils à leur débile maître,
» Dans la pourpre des rois l'Éternel t'a fait naître :
» Sois donc prince, monarque *absolu* comme lui.
» D'un sceptre de grandeur nous t'armons aujourd'hui :

» Fais respecter ton trône avec les hallebardes.
» Notre charte à nous tous sera ta volonté :
» Où naît le *bon-plaisir*, environné de gardes,
   » Là meurt la Liberté. »

« Eh ! quoi, nouveau Saül, oint de l'Être Suprême,
» Crains-tu de voir tomber ton noble diadême,
» Si, secouant le joug de populaires droits,
» Tu tentes d'effacer la Charte avec nos lois ?
» Hésites-tu ? Réponds : la France philanthrope,
» Ses écrivains hardis, sa *canaille* en fureur (1),
» Du plus grand potentat de notre antique Europe
   » Glaceraient-ils le cœur ? »

« Est-ce que Charles neuf, ton énergique ancêtre,
» Craignit les Huguenots mourant sous sa fenêtre ?
» L'arquebuse à la main, songeait-il si leurs cris
» Devaient trouver alors un écho dans Paris ?
» S'effraya-t-il du sang qui coulait dans les rues ?
» Et le hideux aspect des cadavres épars,
» Qui du Louvre royal bordaient les avenues,
   » Navrait-il ses regards ?

---

(1) Qu'on ne me reproche point d'avoir mis le mot *canaille* dans une ode : il a été *ennobli* par l'application qu'en ont faite les *absolutistes* au brave peuple parisien, armé pour la défense de nos libertés. Cette *canaille* nationale sera toujours plus *noble* que tant d'esclaves titrés d'un despote, qui, enfans dénaturés de la patrie, n'ont pas rougi d'appeler sur elle le fer et le feu de l'étranger.

» Grains-tu de parjurer le serment de ton sacre
» En privant les Français de ce vain simulacre
» Qu'ils appellent leur Charte, et qu'ils adorent tous?
» Va, ton seul *bon plaisir* est une loi pour nous.
» Pour les rois absolus l'histoire est indulgente :
» Ton ancêtre, Louis, si jaloux de son rang,
» Dressa des échafauds, raya l'édit de Nante (1),
  » Et fut nommé le *Grand !* »

« N'oses-tu te fier, pour défendre ton trône,
» Tes ministres, leurs lois, tes trésors, ta couronne,
» A ces gardes nombreux, prosternés à tes pieds,
» Que par nos mains le peuple a nourris et payés?
» Va, grand Roi, chacun d'eux te présente en offrande
» Le dévouement du glaive et le faux point d'honneur.
» Raguse les conduit, Raguse les commande :
  » Oui, tu seras vainqueur! »

Cet horrible discours relève le courage
D'un monarque affaibli par les glaces de l'âge ;
Un pied dans le sépulcre, il dit : « Régnons en roi,
» Que mon peuple enchaîné bénisse encore ma loi ! »

---

(1) On se souviendra long-tems dans les Cevennes du maréchal de Montrevel, de l'intendant Baville, de l'abbé du Chayla et de tant d'autres subalternes tyrans, qui allumèrent des bûchers, dressèrent des roues, creusèrent des cachots, forgèrent des chaînes, inventèrent des tortures pour quelque cent mille hérétiques, qui avaient l'insolence de prier pour le *grand* monarque au milieu des loups de leurs forêts, tout en lui demandant la liberté de chanter les

Alors d'un vil satrape ennemi de la France
Il prend l'œuvre, la signe, et puis court aux autels,
Invoquer à genoux le Christ, la Providence,
   Et les Saints éternels.

L'œuvre d'iniquité, tant de fois annoncée,
Paraît dans tout son jour : on proscrit la pensée;
On enchaîne, on bâillonne un peuple généreux,
Trop long-temps abusé, trop long-temps malheureux,
Et qui doute s'il veille en lisant l'ordonnance....
Quoi! l'on ose insulter aux pleurs des citoyens (1)!
On nous forge des fers! courons à la vengeance.
   Aux armes! Parisiens!

---

psaumes en langue vulgaire; crimes énormes, au dire des saints enfants de Loyola, qui méritaient la roue en cette vie, et un éternel bûcher dans les enfers.

C'est sans doute pour l'édification des élus de notre sainte mère l'église, que les révérens Trestallions de 1815, une cocarde blanche à leur chapeau, une croix tatouée sur leur poitrine, la ceinture hérissée de pistolets et de poignards, incendièrent les maisons des hérétiques, pillèrent, égorgèrent en face des autorités, insultèrent à la pudeur en fouettant des jeunes filles sur les places publiques, et violèrent même la paix sacrée du tombeau en brisant, en dispersant les froids ossemens des calvinistes qu'une mort naturelle avait soustraits à leurs sabres bénis!!! C'est sans doute pour ramener en France l'absolutisme de Louis XIV, qu'imitant le parjure et la dévotion de ce monarque, Charles X se pressa naguère d'oublier les sermens de son sacre en faisant couler des flots de sang dans Paris, tandis qu'à genoux devant l'image de la sainte Vierge, un chapelet entre ses doigts, un livre d'heures à ses côtés, il entendait dévotement la messe dans sa chapelle royale!!!

(1) Peut-être trouvera-t-on déplacé que je représente les Parisiens versant des pleurs en lisant les fameuses ordon-

C'est souffrir trop long-temps qu'un prince fanatique
Oppose à tous nos droits son sceptre despotique,
Et nous livre en jouets à ses vils favoris,
A ses moines tyrans qui menacent Paris.
Puisqu'il haît notre Charte il n'est plus *roi de France*.
Oublions nos sermens : il méconnaît les siens.
Vive la Liberté, Mort aux traîtres ! Vengeance !
    Aux armes ! Citoyens !

ODE II.

L'ANATHÈME AUX TYRANS.

Sur un char triomphal, battu par les orages,
    Quelle est cette divinité
Dont le bras lumineux entr'ouvre les nuages ?
    C'est l'ange de la Liberté !
Peuples et nations, vous que le despotisme,
Suivi des préjugés et du noir fanatisme,

---

nances du roi déchu. J'ignore si cette remarque est fondée. Ce qu'il y a de bien certain, c'est que d'amères larmes coulèrent sur mes joues, et retombèrent brûlantes sur mon cœur, quand j'eus acquis la preuve qu'un monarque parjure attentait à toutes nos libertés civiles ; mais c'étaient des larmes de rage, qui invoquaient la résistance légale que les Parisiens ont depuis exercée contre Raguse et ses adhérens ; c'étaient des larmes d'indignation toute française, qui m'inspirèrent cette ode dont les vœux ont été réalisés par le renversement d'un trône despotique, et le honteux exil du parjure Charles X.

Courbe sous les décrets d'un règne sans douceurs,
Opposez contre lui l'amour de la Patrie,
Brisez ses fers honteux. La Liberté vous crie :
« Anathème ! anathème aux tyrans oppresseurs ! »

Mais des guerriers (séduits par d'indignes esclaves,
  Que repoussent les cœurs français,)
Tonnent contre Paris, et menacent nos braves;
  Charles dix croit à leurs succès.
Il aiguise avec l'or les glaives homicides
Qui brillent dans les mains de ces nouveaux séides :
Paris, il en est tems, arme tes défenseurs.
Charles veut étouffer l'amour de la patrie.
Y réussira-t-il ? Non ; la Liberté crie :
« Anathème ! anathème aux tyrans oppresseurs ! »

Déjà de ces guerriers les nombreuses phalanges,
  Traînant le canon des combats,
Et d'un roi despotique entonnant les louanges,
  Parmi nous portent le trépas :
Sous les flancs déchirés de leurs coursiers rapides
J'aperçois des monceaux de cadavres livides.
Lutèce voit tomber ses jeunes défenseurs;
Mais à l'aspect du sang versé pour la Patrie,
Sur sa harpe d'airain la Liberté nous crie :
« Anathème ! anathème aux tyrans oppresseurs ! »

A ces mâles accens, mille guerriers frémissent,
  Ils rejettent d'affreux liens ;
Sous leurs sanglans drapeaux leurs nobles fronts rougissent
  Ils redeviennent citoyens.

Lutèce, j'aperçois ces enfans de Bellone
Embrasser en pleurant au pied de la colonne
Tes artistes guerriers, tes jeunes défenseurs;
Tandis qu'au haut des airs le dieu de ma Patrie,
La noble Liberté, prend son vol et s'écrie :
« Anathème! anathème aux tyrans oppresseurs! »

C'en est fait, aujourd'hui le bronze des batailles
    Ne moissonne plus nos guerriers.
Paris, la Liberté sur tes vieilles murailles
    Jette des fleurs et des lauriers.
Un nuage d'azur tout-à-coup l'environne,
Brisant de Charles dix le sceptre et la couronne,
Elle adresse ces mots à tes fiers défenseurs :
« O braves Parisiens! enfans de la victoire,
» Je vais graver vos noms au temple de mémoire,
» Et crier : anathème aux tyrans oppresseurs! »

Elle dit, et soudain regagne l'empyrée
    Sur le laurier qu'elle a cueilli.
Aux accords belliqueux de sa harpe sacrée
    Mille tyrans ont tressailli :
Ils recherchent déjà l'appui des baïonnettes
Pour briser l'étendard qui flotte sur nos têtes;
Citoyens, rangeons-nous sous ses nobles couleurs :
Il fit trembler les rois. Défendons la Patrie.
Sur nos frères tombés la Liberté nous crie :
« Anathème! anathème aux tyrans oppresseurs! ».

Adieu, vous dont j'envie et la mort, et la gloire,
  Victimes d'un noble trépas!
J'abandonne au burin, aux pages de l'histoire
  Le soin d'exalter vos combats.
Les accords de mon luth sont trop faibles encore
Pour chanter les guerriers dont Lutèce s'honore;
Je ne mérite point les regards des Neuf Sœurs.
Heureux si quelque jour, pour ma belle Patrie,
Sous le fer étranger en tombant je m'écrie :
 Anathême! anathême aux tyrans oppresseurs!!! »

ODE III.

LE PEUPLE D'AUJOURD'HUI.

  Quand mon amour pour la Patrie
  Naguère m'inspira des vers
  Où je montrais la tyrannie
  Travaillant à river nos fers (1);
Quand le cœur agité, l'âme en proie au délire
Qui m'arrachait les pleurs dont je baignais ma lyre,
J'osai crier au peuple : *Aux armes! liberté!*
Des vieillards, des Crésus, des citoyens paisibles,
  Et des femmes sensibles
  M'ont soudain répété :

---

(1) Mon ode I, intitulée : *L'Appel au peuple.*

» Silence, fils d'Occitanie!
» Étouffe une imprudente voix,
» Brise la harpe du génie,
» Qu'elle n'accuse plus les rois.
» Sais-tu bien, insensé, quel est le monstre horrible
» Dont tu veux allumer la colère terrible?
» Tel que ces noirs démons esclaves aux enfers,
» Le peuple obéissant craint la main qui l'enchaîne ;
   » Mais ta perte est certaine
   » Si tu brises ses fers.

» Les crimes souillent sa victoire
» Lorsqu'il écoute ses élans.
» Pose ta harpe, ouvre l'histoire,
» Interroge ses faits sanglans :
» Vois-tu, près des licteurs, sous la hache homicide,
» Ce peuple courroucé, de spectacles avide?
» Il insulte Bailly (1) qui pleura sur ses maux ;
» Après avoir chanté naguère sa louange,
   » Il le couvre de fange,
   » Et le livre aux bourreaux!

---

(1) Bailly, membre de l'académie française, de celle des inscriptions et belles-lettres, associé de plusieurs autres, auteur d'ouvrages estimés, député aux états-généraux, fut élu maire de Paris en juillet 1789. C'est lui qui adressa à Louis XVI cette courte et belle harangue: *Sire, j'apporte à votre majesté les clefs de sa bonne ville de Paris. Ce sont les mêmes qui furent présentées à Henri IV. Il avait conquis son peuple : ici le peuple a reconquis son roi.*

Accusé, jugé et traîné à l'échafaud par les jacobins, M. Bailly mourut avec l'égalité d'âme et la fermeté de Socrate.

» Vois-tu les fatales charrettes?
» Vois-tu les échafauds dressés,
» Où roulent de livides têtes,
» Où le sang coule à flots pressés?
» Bailly n'est déjà plus, et Barnave succombe.
» Le peuple est *souverain* : une hache, une tombe,
» Voilà ce qu'il présente à ses fiers orateurs ;
» Tandis que, prosterné jusque dans la poussière,
» Il chante Robespierre,
» Et ses affreux licteurs ! »

Ah! n'interrogez plus l'histoire
D'un tems qui fuit bien loin de nous.
Les Parisiens, couverts de gloire,
Plus éclairés s'offrent à vous :
D'un parjure tyran qui leur forgeait des chaînes,
Qui les fit immoler, mitrailler par centaines,
Une hache à la main, creusent-ils le tombeau?
Non, non! plus généreux que ne furent leurs pères,
Aux rives étrangères
Ils poussent son vaisseau.

Ce peuple, que l'on calomnie,
Se venge-t-il par des horreurs
En dévouant à l'incendie
Les palais de ses oppresseurs ?
Après les jours du deuil, de l'effroi du carnage,
Se livre-t-il au meurtre, aux excès, au pillage?

Non, il sait pardonner aux esclaves vaincus ;
Méprisant leurs trésors qu'il rejette dans l'onde (1),
    Il étonne le monde
    Par de nobles vertus.

    Sur des tombeaux mouillés de larmes,
    Sur des lauriers ensanglantés,
    Voyez-le déposer les armes
    A la voix de ses députés.
En eux il se repose, en eux il se confie.
Après avoir sauvé la commune Patrie,
Il retourne aux travaux qui l'attendent chez lui.
Terrible en ses combats, modeste en sa victoire,
    Tel est, brillant de gloire,
    Le peuple d'aujourd'hui.

ODE IV.

AUX MANES DES ENFANS DE LUTÈCE
QUI SONT MORTS POUR LA LIBERTÉ.

    Muse des chants mélancoliques,
    Fais résonner ta harpe d'or,
    Et loin des rives poétiques
    Viens avec moi pleurer encor.

---

(1) Ce fait est connu : la vaisselle d'or et d'argent, trouvée dans les appartemens de l'archevêché, fut jetée dans la Seine par le peuple. M. Bavoux, préfet de police, s'empressa de la faire retirer.

Muse de joie et d'allégresse,
Heureuse fille du plaisir,
Cède le pas à la tristesse
Qui sur tes roses vient gémir.
A mes yeux que mouillent les larmes
Tes doux primes n'ont plus de charmes,
Pour moi ta voix est sans gaîté;
Fuis la lyre que ma main presse :
Je veux célébrer de Lutèce
Les fils morts pour la liberté !

Muse des chants mélancoliques,
Fais résonner ta harpe d'or,
Et loin des rives poétiques
Viens avec moi pleurer encor.

Entendez-vous de la trompette
L'éclatant et funèbre son ?
Entendez-vous ?.... L'écho répète
Le bruit terrible du canon.
Aux cliquetis des cimeterres
Mille affreux râles mortuaires
Se mêlent aux cris des tyrans.....
De notre deuil ils sont avides,
Et sous leurs sabres homicides
Tombent nos frères expirans !

Muse des chants mélancoliques,
Fais résonner ta harpe d'or,
Et loin des rives poétiques
Viens avec moi pleurer encor.

Jadis au Louvre, un roi de France,
Connu par mille noirs projets,
Rempli d'orgueil, d'intolérance,
Osa tirer sur ses sujets :
Charles dix, comme son ancêtre,
Ne fait pas feu d'une fenêtre
Pour nous donner un prompt trépas ;
Mais l'or qu'il livre à des séides
Aiguise les fers parricides
Dont ils massacrent nos soldats !

Muse des chants mélancoliques,
Fais résonner ta harpe d'or,
Et loin des rives poétiques
Viens avec moi pleurer encor.

Dans Lutèce le trouble augmente,
La mort plane sur les drapeaux,
Pour nos braves sa faulx pesante
Ouvre déjà mille tombeaux.
Sous le tranchant du cimeterre
Là succombe loin de sa mère
Le jeune artiste regreté :
« Adieu, Paris, nouvelle Sparte !
» Je meurs, dit-il, c'est pour la Charte,
» Vive à jamais la Liberté ! »

Muse des chants mélancoliques,
Fais résonner ta harpe d'or,
Et loin des rives poétiques
Viens avec moi pleurer encor.

Voyez-vous ces monceaux livides
De cadavres défigurés,
Et ces armes de sang humides,
Et ces étendards déchirés?
Voyez-vous ces mères tremblantes,
Et ces épouses gémissantes,
Couvertes des voiles du deuil?
De leurs fils morts pour la Patrie,
De leurs époux naguère en vie
Elles préparent le cercueil !

Muses des chants mélancoliques,
Fais résonner ta harpe d'or,
Et loin des rives poétiques
Viens avec moi pleurer encor.

Vaincu par nos braves cohortes
Qui des tyrans brisent les fers,
Loin de Paris et de ses portes,
Charles dix erre sur les mers (1).
A l'aspect des couleurs brillantes
Qui parent nos tours imposantes,

---

(1) Je fis ces vers avant que Charles X abordât en Écosse.

J'entends le luth de la gaîté....
Ah ! suspendons notre allégresse,
Pleurons les enfans de Lutèce
Qui sont morts pour la Liberté !

Muse des chants mélancoliques,
Fais résonner ta harpe d'or,
Et loin des rives poétiques
Viens avec moi pleurer encor.

Vous qui du temple de Mémoire
Respirez le divin encens,
Vous dont la Patrie et la gloire
Inspirent les nobles accens,
Touchez vos lyres immortelles,
Cueillez les palmes les plus belles,
Et venez tous avec fierté
Les déposer sur cette terre
Où gît le cercueil funéraire
Des martyrs de la liberté !

Muse des chants mélancoliques,
Fais résonner ta harpe d'or,
Et loin des rives poétiques
Viens avec moi pleurer encor.

ODE V.

L'AIRAIN DE LA COLONNE.

(AUX ÉLÈVES DE L'ÉCOLE POLYTECHNIQUE.)

O vous que la gloire couronne
De patriotiques lauriers !
Venez, venez, jeunes guerriers,
Baiser l'airain de la Colonne.

Monument chéri de la France,
Bronze payé par nos exploits,
Trophée auguste de vaillance
Qui fis soupirer tant de rois,
A ton aspect, nouveau délire
M'oblige à remonter ma lyre
Qui sommeillait parmi les fleurs.
Pourquoi me plais-tu davantage ?
C'est que ton front dans le nuage
Porte l'écharpe aux trois couleurs.

O vous que la gloire couronne
De patriotiques lauriers !
Venez, venez, jeunes guerriers,
Baiser l'airain de la colonne.

Long-temps un drapeau despotique
L'entoura de son repli blanc,
Qu'une horde trop fanatique
Dans le midi teignit de sang......
Alors maint satrape en délire
Des poètes brisait la lyre
Quand ils pleuraient sur nos malheurs ;
Mais aujourd'hui, rompant leur chaîne,
Les favoris de Melpomène
Viennent sourire aux trois couleurs.

O vous que la gloire couronne
De patriotiques lauriers !
Venez, venez, jeunes guerriers,
Baiser l'airain de la colonne.

Voguant au céleste empyrée
Sur les ailes du souvenir,
Je vois sa face révérée
A mes yeux charmés s'embellir :
Mille ombres du sépulcre accourent,
De verts de lauriers elles l'entourent,
Elles jonchent son front de fleurs ;
Ces ombres sont celles des braves
Qui, morts soldats, et non esclaves,
Viennent sourire aux trois couleurs.

O vous que la gloire couronne
De patriotiques lauriers!
Venez, venez, jeunes guerriers,
Baiser l'airain de la colonne.

Mais quel spectacle magnifique
Se déroule sous mes regards?
Les héros de la Grèce antique
Accourent sur de nobles chars;
Ils s'avancent vers la colonne,
Leurs mains tressent une couronne
Où le laurier se mêle aux fleurs,
Et le héros des Thermopyles
L'attache aux aigles immobiles
Où scintillent les trois couleurs.

O vous que la gloire couronne
De patriotiques lauriers!
Venez, venez, jeunes guerriers,
Baiser l'airain de la colonne.

« Honneur ! dit le héros de Sparte,
» Honneur à ces braves Français,
» Qui, se dévouant pour leur Charte,
» Ont fait pâlir nos vieux succès.
» Lyres des filles de mémoire,
» Qui vibrez encore à ma gloire,
» Célébrez mes jeunes rivaux;
» Et vous, preux de Lacédémone,

» Pour chanter ces fils de Bellone
» Sortez de vos sanglans tombeaux! »

O vous que la gloire couronne
De patriotiques lauriers !
Venez, venez, jeunes guerriers ,
Baiser l'airain de la colonne.

Je vois sur leurs coursiers rapides
Qu'entourent des nuages d'or ,
Les fiers vainqueurs des Pyramides
Qui viennent l'admirer encor.
Des hauts rochers de Sainte-Hélène
Accourt une ombre souveraine ,
Qu'éprouvèrent de longs malheurs....
Jetant des palmes immortelles
Qu'un aigle porte sur ses ailes ,
L'ombre sourit aux trois couleurs.

O vous que la gloire couronne
De patriotiques lauriers !
Venez, venez, jeunes guerriers ,
Baiser l'airain de la colonne.

Au milieu des ombres légères
Qui planent sur le noble airain ,
Brisant des lances étrangères ,
Accourt un sylphe au front serein :
Ce génie est celui de France ;
La Liberté, la tolérance ,

Viennent le couronner de fleurs.
A son aspect, le despotisme,
Sur les ailes du fanatisme,
S'envole loin des trois couleurs.

O vous que la gloire couronne
De patriotiques lauriers !
Venez, venez, jeunes guerriers,
Baiser l'airain de la colonne.

ODE VI.

LE ROI DES FRANÇAIS.

Quels chants joyeux d'amour et d'allégresse
Font retentir les échos de Lutèce ?
Applaudit-on à de nouveaux succès ?
Le Dieu des vers échauffe mon délire.....
Allons, allons, réveille-toi, ma lyre :
Il faut chanter Philippe élu roi des Français.

Nos vieux guerriers couverts d'habits de fête
Suivent les pas du noble Lafayette,
Dont l'Amérique applaudit les hauts faits.
De Charles dix le ministre soupire.....
Allons, allons, réveille-toi, ma lyre :
Il faut chanter Philippe élu roi des Français.

Rangés autour du drapeau tricolore,
A mes regards apparaissent encore
Des citoyens illustres à jamais.
Dans leurs discours la liberté respire.
Allons, allons, réveille-toi, ma lyre :
Il faut chanter Philippe élu roi des Français.

Le front joyeux, d'amours environnée,
Et d'olivier, de roses couronnée (1),
Sur nos drapeaux descend la douce paix
Elle établit parmi nous son empire.
Allons, allons, réveille-toi, ma lyre :
Il faut chanter Philippe élu roi des Français.

La Liberté qu'adore ma patrie
Vient restaurer notre Charte flétrie
Par un monarque, horreur de ses sujets;
A nos transports elle daigne sourire.....
Allons, allons, réveille-toi, ma lyre :
Il faut chanter Philippe élu roi des Français.

---

(1) *De roses couronnée !*....Ah! j'aurais dû la représenter assise sur un volcan dont les sourds mugissemens menacent d'ensevelir la patrie sous des ruines ! J'aurais dû la représenter mendiant la neutralité des puissances qui tremblaient déjà devant les héros de Paris ! J'aurais dû la représenter au milieu de ces hommes à faux systèmes, qui, après avoir naguère prodigué le sang français pour appuyer la tyrannie de Ferdinand VII, feignent aujourd'hui d'en être avares quand les malheureux constitutionnels espagnols demandent quelques secours pour régénérer leur patrie ! J'aurais dû la représenter brisant le glaive de la justice, en fermant les yeux sur les conspirations des séides de l'absolutisme, et étouffant au con-

Ce noble prince est aussi bon que juste :
D'un grand visir près de son trône auguste
Nous n'aurons pas à pleurer les succès....
Loin de ses yeux Loyola se retire....
Allons, allons, réveille-toi, ma lyre :
Il faut chanter Philippe élu roi des Français.

Autour de lui je vois bien peu de gardes :
L'amour public, mieux que les hallebardes,
Saura toujours défendre son palais.
Notre bonheur est tout ce qu'il désire.
Allons, allons, réveille-toi, ma lyre :
Il faut chanter Philippe élu roi des Français.

Les parchemins du vieux temps des Croisades,
Des châteaux forts, et des arquebusades,
Pour l'entourer plaideront sans succès :
Au seul mérite on le verra sourire.
Allons, allons, réveille-toi, ma lyre :
Il faut chanter Philippe élu roi des Français.

---

traire les cris généreux des citoyens qui, après avoir mouillé de leur sang les rues de la capitale (tandis que tant d'orateurs à l'ordre du jour restaient tranquillement sous leurs lambris dorés), demandent aujourd'hui que la France prenne l'aspect imposant que devrait lui donner l'héroïsme de sa population courageuse. J'aurais dû enfin la représenter, cette paix que je *couronnais de roses*, timide, et détournant les yeux de la Pologne, en laissant ses braves habitans tomber sous le sabre de l'autocrate du nord ! Mais, hélas ! quand je fis ces vers j'étais sous le prisme d'illusions fantastiques qu'une fatale réalité devait faire rentrer dans le néant.

Au mandement du fier légat d'un pape
Il n'ira point, revêtu d'une chape,
Au nom de Dieu tourmenter ses sujets :
Dans nos climats le fanatisme expire.
Allons, allons, réveille-toi, ma lyre :
Il faut chanter Philippe élu roi des Français.

Les noirs censeurs des œuvres de mémoire
Ne pourront plus dans un réquisitoire
De Béranger flétrir chaque succès.
Fils d'Apollon, vous que Pégase inspire,
Ne craignez plus qu'on brise votre lyre :
Philippe d'Orléans est le roi des Français.

ODE VII.

AUX PEUPLES QUI GÉMISSENT ENCORE
SOUS LE JOUG DES TYRANS.

« Reprends encor ta harpe, enfant d'Occitanie,
» Invoque les neuf sœurs filles de l'Hellénie,
    » Chante nos combattans.
» Pourquoi pleurer encor les martyrs de la gloire ?
» Déjà leurs noms inscrits au temple de mémoire
    » Bravent la faulx du Temps.

» N'entends-tu pas gronder le canon dans Bruxelles ?
» Le despotisme en vain nous traitant de rebelles
.......» Menace nos soldats ;
» En vain par lui nos tours s'écroulent embrasées,
» De ses affreux licteurs les haches sont brisées
.......» Par le sort des combats.

» Vois flotter sur nos murs ce drapeau tricolore
» Qui du nord au midi, du couchant à l'aurore
.......» Fit tressaillir les rois,
» Tandis que le héros qui dort à Sainte-Hélène,
» Assis sur les faisceaux de l'aigle souveraine,
.......» Dictait partout ses lois.

» Entends les cris joyeux de nos compagnons d'armes.
» Pourquoi bravèrent-ils la mort et ses alarmes ?
.......» Pour devenir Français.
» Reprends encor ta harpe, enfant d'Occitanie :
» Puisque nous serons tous de la même patrie (1)
.......» Chante donc nos succès. »

Ainsi de la Belgique un guerrier magnanime
Vient parler à mon cœur le langage sublime

---

(1) Quand je fis ces vers je croyais fermement pouvoir saluer du nom de frères les courageux enfans de la Belgique qui demandaient à redevenir français. J'ai été trompé dans mes conjectures : la politique de notre gouvernement m'a appris qu'un poète ne doit jamais prendre les rêveries de son cœur généreux pour des vérités palpables, et les donner comme telles à ses trop crédules lecteurs.

Qui le fait palpiter.
Prenez vos lyres d'or, ô filles de mémoire !
Montrez à mes regards les palmes de la gloire :
Je vais encor chanter.

Du sang des citoyens mitraillés dans Lutèce
Surgit la Liberté, fière et noble déesse,
Elle guide nos rangs ;
Le Belge à son appel tressaille et court aux armes :
Peuples, baigneriez-vous encore de vos larmes
La hache des tyrans !

Et vous dont les exploits sont admirés encore,
Vous qui de vos palais expulsâtes le Maure,
Ses rois, et ses bourreaux,
Courageux Espagnols, la Liberté vous crie :
» Aux armes ! citoyens, honorez la patrie
» Par des exploits nouveaux. »

Brisez le joug de fer qu'un trop long despotisme,
Appuyé des erreurs, filles du fanatisme,
Impose encor sur vous.
Pour devenir tyrans ces deux pouvoirs s'assemblent :
Aux armes ! citoyens ! et qu'à leur tour ils tremblent
En tombant sous vos coups.

Les monarques, les rois qu'on flatte, qu'on révère,
Qu'on craint même souvent jusqu'au lit mortuaire,

Seraient-ils donc des dieux?
Le peuple qui les fit, doit il souffrir sans cesse
Les licteurs du tyran, du Néron qui l'oppresse
  Sous son joug odieux?

Non, non : elle n'est plus cette époque fatale
Où des Antiochus sous la pourpre royale
  Se voyaient adorés.
Sur le corps des martyrs de la nouvelle Sparte,
Venez lire, Espagnols, dans notre noble Charte
  Vos droits les plus sacrés.

Et vous qui si long-temps partageâtes nos gloires,
Vous dont le nom s'allie à toutes nos victoires,
  A nos plus grands succès,
O braves Polonais! pour sauver la patrie
N'écouterez-vous point la liberté qui crie :
  « Imitez les Français ! »

Comme Israël, soumis au roi de Babylone,
De l'empereur du nord, si fier de sa couronne,
  Craignez-vous les soldats ?
Non! eh bien! mourez tous s'il faut pour la patrie.
L'esclave craint la mort. L'homme libre lui crie ;
  « Je te brave aux combats! »

Mais que dis-je?.. mourir!.. ô vaillans frères d'armes!
Serait-ce assez payer par de l'or et des larmes

33

Vos services fameux !
Non, braves Polonais, la France tout entière
Viendra soudain planter sa brillante bannière
Jusqu'en vos champs poudreux.

Oui, j'aperçois déjà nos terribles phalanges,
Nos jeunes bataillons qui chantent vos louanges
En combattant pour vous.
Et bientôt sur vos murs mes yeux verront encore
Scintiller les couleurs du drapeau tricolore
Dont l'aspect m'est si doux (1).

ODE VIII.
AUX PEUPLES EN GÉNÉRAL.

O toi dont le courage et la masse imposante
Font trembler les tyrans sur leurs trônes de fer;
Toi qui dans tes excès causes plus d'épouvante
Que l'Etna vomissant les flammes de l'enfer;

---

(1) Encore une assertion hasardée ! Encore un rêve poétique ! mais il est honorable pour moi. D'ailleurs, en faisant ces vers, je ne pensais pas du tout au système de *non-intervention* adopté par nos ministres. J'ai appris depuis que les Polonais, forts du seul amour de la patrie et de la haine pour l'oppression, résistent avec une courageuse opiniâtreté à l'empereur Nicolas sans être secourus par les frères d'armes dont ils partagèrent les revers et la gloire, et pour qui le malheureux prince Poniatowski est mort au champ d'honneur........ De l'or et des larmes, voilà le tribut que nous payons à leur dévoûment héroïque ! De l'or et des larmes, voilà, s'ils succombent, ce que nous déposerons sur leurs ossemens dispersés ! ! !

O peuple, qui, toujours de spectacles avide,
Pleures le criminel sous la hache homicide,
Et donnes des regrets à ceux que tu frappas,
Dois-je invoquer encor les filles de mémoire,
Et prendre le clairon du dieu de la victoire
  Pour chanter tes combats?

Non, non : mon cœur n'est plus enflammé du délire
Qui lui faisait créer un brillant avenir,
A des saules pleureurs j'ai suspendu ma lyre,
Loin d'elle je m'éloigne, et l'on m'entend gémir.
O peuple! c'est pour toi que je verse des larmes :
Les licteurs d'un Néron s'avancent-ils en armes,
Prodigue de ton sang, tu brises leurs faisceaux,
On dit que la patrie enfin se régénère,
On te loue. Et toujours en proie à la misère,
  Tu pleures sur tes maux !

Ceux qui, lors du danger, remplis d'incertitude
Sur le vainqueur futur du tyran ou de toi,
Se préparaient à voir avec inquiétude
Régner un Marius, ou bien un Peuple-Roi,
Te prodiguent bientôt l'encens de la louange
En jetant des lauriers sur ta noble phalange :
« Peuple, répètent-ils, d'un air plein de fierté,
» Vos droits vous sont acquis : ah! déposez les armes.
» Nos mains sauront tarir la source de vos larmes.
  « Vive la Liberté! »

Séduit par les discours, les flatteuses promesses,
De ces ambitieux qui veulent le pouvoir,

Tu déposes soudain tes armes vengeresses,
Et de leur obéir tu te fais un devoir,
Mais à peine ont-ils pris dans leurs mains souveraines
Du chariot de l'état les délicates rênes,
Voilà que chacun d'eux t'oublie, hélas ! pour lui
Tel demande la paix quand il te faut la guerre,
L'autre ferme les yeux quand, souffrant de misère,
  Tu pleures aujourd'hui !

« Qu'importent, disent-ils, à notre *grand système*
» Des maux particuliers ou des espoirs déçus? »
Ainsi tes longs soupirs, tes cris, tes larmes même
Depuis les jours de gloire, ô peuples ! étaient prévus.
Eh quoi ! ne pourrait-on voir briller sur la terre
Un mortel généreux, sage, pour lui sévère,
Terrible par son glaive aux despotes fatal,
Et qui, plein de mépris pour les dures entraves,
Ne te liât jamais comme un troupeau d'esclaves
  A son char triomphal?

EPILOGUE.

O toi dont les accords excitent mon délire,
  N'enfante plus des vers nouveaux ;
C'en est assez, repose-toi, ma lyre,
  Je déteste les longs travaux.
Poète sans orgueil de notre Occitanie,
Je n'aspirai jamais aux palmes du génie :
Le laurier des Neuf Sœurs est pour d'autres que moi
Content d'avoir chanté les héros de Lutèce,
Pour vivre obscurément ton maître te délaisse,
  O ma lyre ! repose-toi.

TABLE.

Dédicace. . . . . Pag. 5
Ode i. L'Appel au peuple. 7
Ode ii. L'Anathême aux tyrans. 11
Ode iii. Le Peuple d'aujourd'hui. 14
Ode iv. Aux mânes des enfans de Lutèce qui sont morts
        pour la Liberté. 17
Ode v. L'Airain de la Colonne. 22
Ode vi. Le Roi des Français. 26
Ode vii. Aux peuples qui gémissent encore sous le joug
        des tyrans. 29
Ode viii. Aux peuples en général. 33
Épilogue. 35

www.ingramcontent.com/pod-product-compliance
Lightning Source LLC
Chambersburg PA
CBHW061014050426
42453CB00009B/1435